W0273131

# Flüsterpost um die Welt
# Kulaktan kulağa dünyayı dolaşır

Autoren

***Anna-Sophia Kühnreich und Nora Trapp***

Illustriert von

***Heike Treiber***

Die Lesebrücke

Mildenberger Verlag

## Zur Reihe "Die Lesebrücke" gehören:

| | |
|---|---|
| **Flüsterpost um die Welt – Kulaktan kulağa dünyayı dolaşır**, 32 S., vierf., FeEbd, 23,5 x 17 cm | 1401 - 40 |
| **„Komm doch rüber!“ – “Bu tarafa gel!“** 32 S., vierf., FeEbd, 23,5 x 17 cm | 1401 - 41 |
| **Lucy liebt Böreks – Lucy Börek seviyor**, 32 S., vierf., FeEbd, 23,5 x 17 cm | 1401 - 42 |

## Impressum

**Bestell-Nr. 1401-40**
**ISBN 978-3-619-14140-1**

Auflage 4 3 2 1
Jahr 2014 2013 2012 2011
Alle Rechte vorbehalten
© 2011 Mildenberger Verlag GmbH, 77652 Offenburg
www.mildenberger-verlag.de
E-Mail: info@mildenberger-verlag.de

Das Werk und seine Teile sind urheberrechtlich geschützt. Jede Nutzung in anderen als den gesetzlich zugelassenen Fällen bedarf der vorherigen schriftlichen Einwilligung des Verlages. Hinweis zu § 52 a UrhG: Weder das Werk noch seine Teile dürfen ohne eine solche Einwilligung eingescannt und in ein Netzwerk eingestellt werden. Dies gilt auch für Intranets von Schulen und sonstigen Bildungseinrichtungen.

Druck: Grafisches Centrum Cuno
Gedruckt auf umweltfreundlichen Papieren

## Bezugsmöglichkeiten

Alle Titel des Mildenberger Verlags erhalten Sie unter:
www.mildenberger-verlag.de oder im Buchhandel. Jede Buchhandlung kann alle Titel direkt über den Mildenberger Verlag beziehen. Ausnahmen kann es bei Titeln mit Lösungen geben: Hinweise hierzu finden Sie in unserem aktuellen Gesamtprogramm.

# Vorwort

Sprachliche und kulturelle Vielfalt gehören in vielen Schulklassen zum Alltag. Die Herkunftssprachen der Kinder sollen deshalb laut Bildungsstandards in den Unterricht einfließen, um Ausgangspunkt für interkulturelle und sprachliche Lernprozesse zu sein. Dieses Anliegen greift das Konzept der Reihe „Die Lesebrücke" auf. Bei allen Bänden wird eine Geschichte parallel in deutscher und türkischer Sprache erzählt, jeweils auf einer Doppelseite gegenüberliegend.
Für die Türkisch sprechenden Schüler ist dies nicht nur ungemein motivierend, sondern bedeutet zudem eine wertvolle Unterstützung ihres Spracherwerbs. So ist neueren Forschungsergebnissen zufolge stark davon auszugehen, dass eine gut ausgebaute Erstsprache sich vor allem im schriftsprachlichen Bereich positiv auf den Erwerb der Zweitsprache auswirkt. Um die entsprechenden (erst)sprachlichen Fertigkeiten zu fördern, kann das Vorlesen in türkischer Sprache eine wichtige Unterstützung sein.
„Füsterpost um die Welt" ist eine spannende und unterhaltsame Geschichte, bei der die unterschiedlichsten Tiere ihre Eigenschaften vereinen, um einem Freund in Not zu helfen. Das spricht alle Kinder im Klassenzimmer an und liefert wichtige Impulse für die interkulturelle Arbeit. Somit profitieren alle Schüler vom Einsatz des Lesematerials im Unterricht.
Gute Anregungen zum konkreten Einsatz des Buchs im Unterricht lassen sich im Anhang finden. Mithilfe von didaktischen Hinweisen, Aufgabenvorschlägen sowie einer deutsch-türkischen Wörterliste gelingt es nicht nur, das Türkische ins Klassenzimmer zu holen, sondern auch alle weiteren im Klassenzimmer vorhandenen Sprachen.
Die Idee für das vorliegende Buch, welches ab dem Ende der ersten Klasse und in der zweiten Klasse eingesetzt werden kann, entstand in einem Seminar an der Pädagogischen Hochschule Freiburg.

Viel Spaß beim Lesen und Vorlesen!

*Katja Schnitzer (Herausgeberin)*

Riechst du das? – Es riecht nach Frühling!
Die Tiere des Waldes erwachen aus ihrem Winterschlaf.
Sie kriechen aus ihren Verstecken hervor.
Alle freuen sich über die ersten Sonnenstrahlen.
Nur in der Bärenhöhle ist es noch still.

Kokuyu alabiliyor musun? – Bu ilkbaharın kokusu!
Ormanın hayvanları ksış uykularından uyanırlar.
Saklandıkları yerlerden çıkarlar.
Hepsi güneşin ilk ışıklarını gördüğü için sevinir.
Sadece ayının mağarası hâlâ sessizdir.

Auch nach einigen Tagen ist von Miro dem Bären
noch nichts zu sehen und zu hören.
Was ist mit ihrem Freund los?
Warum kommt er nicht aus seiner Höhle?
Sie schicken Frida die Maus, um nach Miro zu sehen.

Birkaç gün geçmesine rağmen ayı Miro`dan
hâlâ bir ses seda yoktur.
Arkadaşımıza ne oldu?
Neden mağarasından çıkmıyor?
Fare Frida`yı, Miro`ya bakması için onun yanına gönderirler.

In der Bärenhöhle ist es dunkel und kalt.
Miro liegt in einer Ecke und schläft.
Frida versucht, den müden Bären aufzuwecken
und ihn aus der Höhle zu locken.
Doch Miro will nicht.

Ayının mağarası soğuk ve karanlıktır.
Miro bir köşeye uzanmış yatmaktadır.
Frida yorgun ayıyı uyandırmaya
ve onu mağarasından çıkartmaya çalışır.
Ama Miro istemez.

Ratlos kehrt Frida zu den Tieren zurück.
Schwalbe Tülin hat eine Idee:
„Ich kenne eine uralte, weise Schildkröte.
Sie heißt Emine.
Ich bin sicher, sie kann uns sagen,
wie wir Miro helfen können“.

Çaresiz bir şekilde Frida diğer hayvanların yanına geri döner.
Kırlangıç Tülin`in bir fikri vardır:
“Ben çok yaşlı ve bilgili bir kaplumbağa tanıyorum.
Adı Emine.
Eminim o bize
Miro`ya nasıl yardım edebileceğimizi söyleyebilir.“

Doch Emine lebt am anderen Ende der Welt.
Wie kann die Nachricht dorthin gelangen?
„Mit der Flüsterpost!“, ruft Joschi der Hase
und läuft mit der Botschaft los.
Er läuft, bis er an einen großen Berg kommt,
den er nicht überqueren kann.

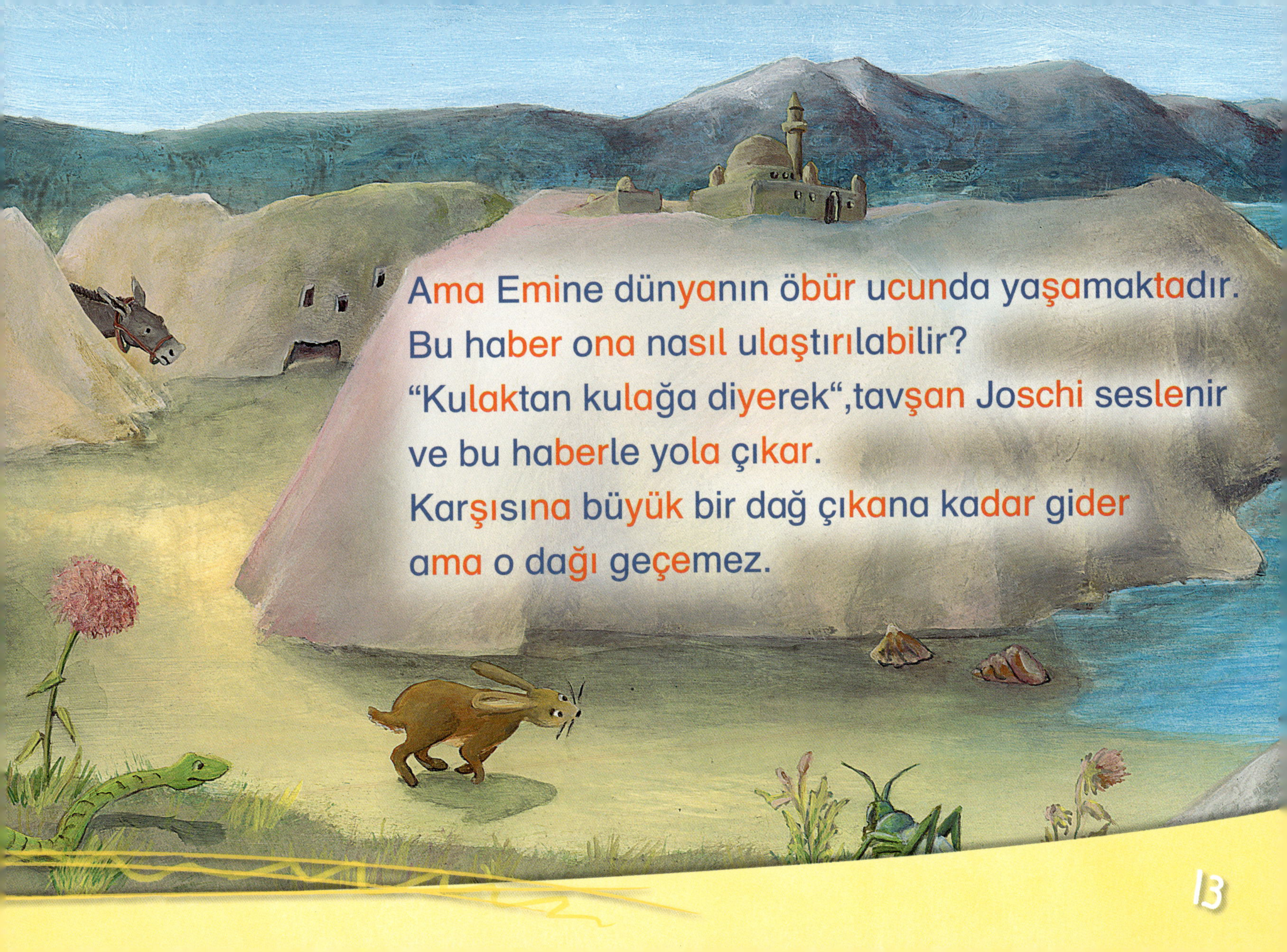

Ama Emine dünyanın öbür ucunda yaşamaktadır.
Bu haber ona nasıl ulaştırılabilir?
“Kulaktan kulağa diyerek“,tavşan Joschi seslenir
ve bu haberle yola çıkar.
Karşısına büyük bir dağ çıkana kadar gider
ama o dağı geçemez.

Dort trifft Joschi Salim den Steinbock.
Erschöpft erzählt er ihm von Miro.
Salim trägt die Nachricht
über das Gebirge bis ans Meer.
Weil Salim nicht schwimmen kann,
gibt er die Nachricht weiter
an Meena die Delfinmutter.

Orda Joschi Oğlak Salim ile karşılaşır.
Bitkin bir halde Miro`dan bahseder.
Salim haberi dağları aşarak
denize kadar götürür.
Salim yüzemediği için
bu haberi
Anne Yunus Meena`ya verir.

Meena durchquert das weite Meer.
Als sie auf Land trifft, begegnet sie Kamau dem Äffchen.
Kamau macht sich mit der Botschaft auf den Weg.
Schließlich trifft er Lale die Möwe und erzählt ihr alles.

Meena büyük denizi yüzerek geçer.
Karaya vardığında Maymuncuk Kamau ile karşılaşır.
Kamau bu haberle yola çıkar.
Sonunda Martı Lale`yi görür ve ona her şeyi anlatır.

Nach einem langen Flug erreicht Lale eine Steppe.
Sie erzählt dem Elefanten Dayo vom müden Bären.
Dayo stapft durch die trockene Landschaft.
An einer Wasserstelle trifft er Kali das Krokodil.
„Ich kenne Emine“, sagt Kali und schwimmt
mit der Nachricht davon.

Uzun bir uçuştan sonra Lale bir bozkıra varır.
Fil Dayo`ya yorgun ayıdan bahseder.
Dayo bozkırda ağır ağır gider.
Bir gölette Timsah Kali ile karşılaşır.
Kali der ki: “Ben Emine`yi tanıyorum“,
ve bu haberle yüzmeye başlar.

Emine hört sich die Geschichte von Miro an.
Sie überlegt und hat eine Idee.
„Ein buntes Frühlingsfest könnte Miro helfen“, sagt sie.
Mit einem Blütentrank im Gepäck macht sich Kali
auf den Rückweg.

Emine Miro`nun hikâyesini dinler.
Bunun hakkında düşünür ve bir fikir bulur.
“Renkli bir ilkbahar eğlencesi Miro`ya yardım edebilir“, der.
Kali çantasındaki çiçek yapraklarından yapılmış
su ile yola çıkar.

Kali kehrt zum Elefanten Dayo zurück.
Dayo erzählt alles Möwe Lale.
Diese berichtet es Kamau dem Äffchen.
Kamau erzählt es Meena der Delfinmutter.
Diese übermittelt die Botschaft an Salim den Steinbock.
Und Salim schließlich an Joschi den Hasen.
So gelangt die Nachricht zurück in den Wald.

Kali Fil Dayo`ya geri döner.
Dayo hepsini Martı Lale`ye,
Martı Lale, Maymuncuğa,
Maymuncuk Kamau, Anne Yunus Meena`ya,
O da haberi Oğlak Salim`e,
Sonunda da Salim Tavşan Joschi`ye anlatır.
Ve böylece yeni haber ormana döner.

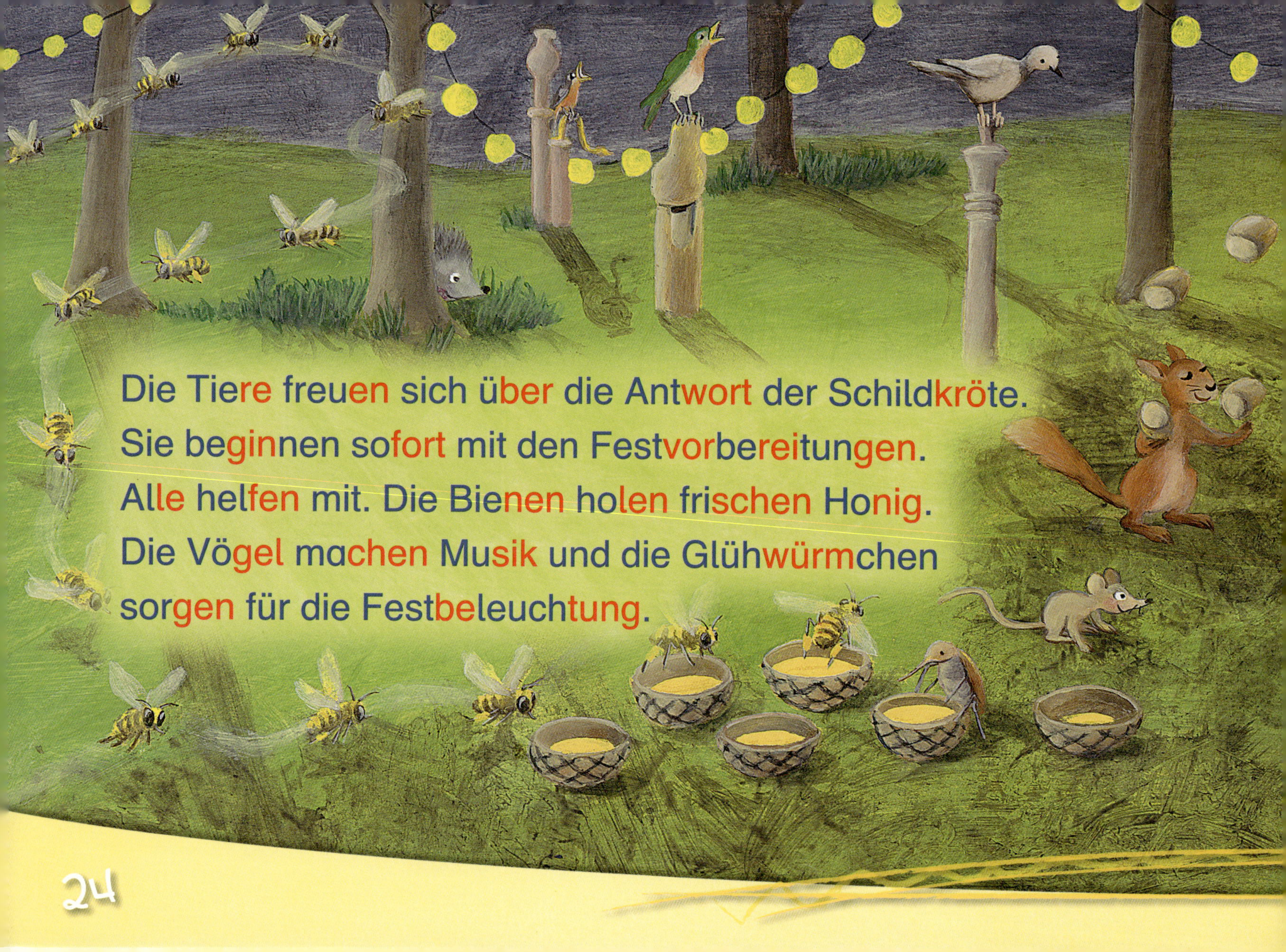

Die Tiere freuen sich über die Antwort der Schildkröte.
Sie beginnen sofort mit den Festvorbereitungen.
Alle helfen mit. Die Bienen holen frischen Honig.
Die Vögel machen Musik und die Glühwürmchen
sorgen für die Festbeleuchtung.

Hayvanlar kaplumbağanın verdiği cevaba sevinirler.
Hemen eğlence hazırlıklarına başlarlar.
Hepsi yardım eder. Arılar taze bal getirir.
Kuşlar müzik yapar ve ateş böcekleri
eğlenceyi ışıldatırlar.

Und dann?
Dann feiern die Tiere ein fröhliches Fest.
Es wird getanzt, gesungen und gelacht.
Mittendrin tanzt Miro
und verbreitet eine Bärenstimmung.
Die Freunde erzählen ihm
von der Flüsterpost.
Alle Tiere haben zusammengehalten,
damit er wieder gesund wird.

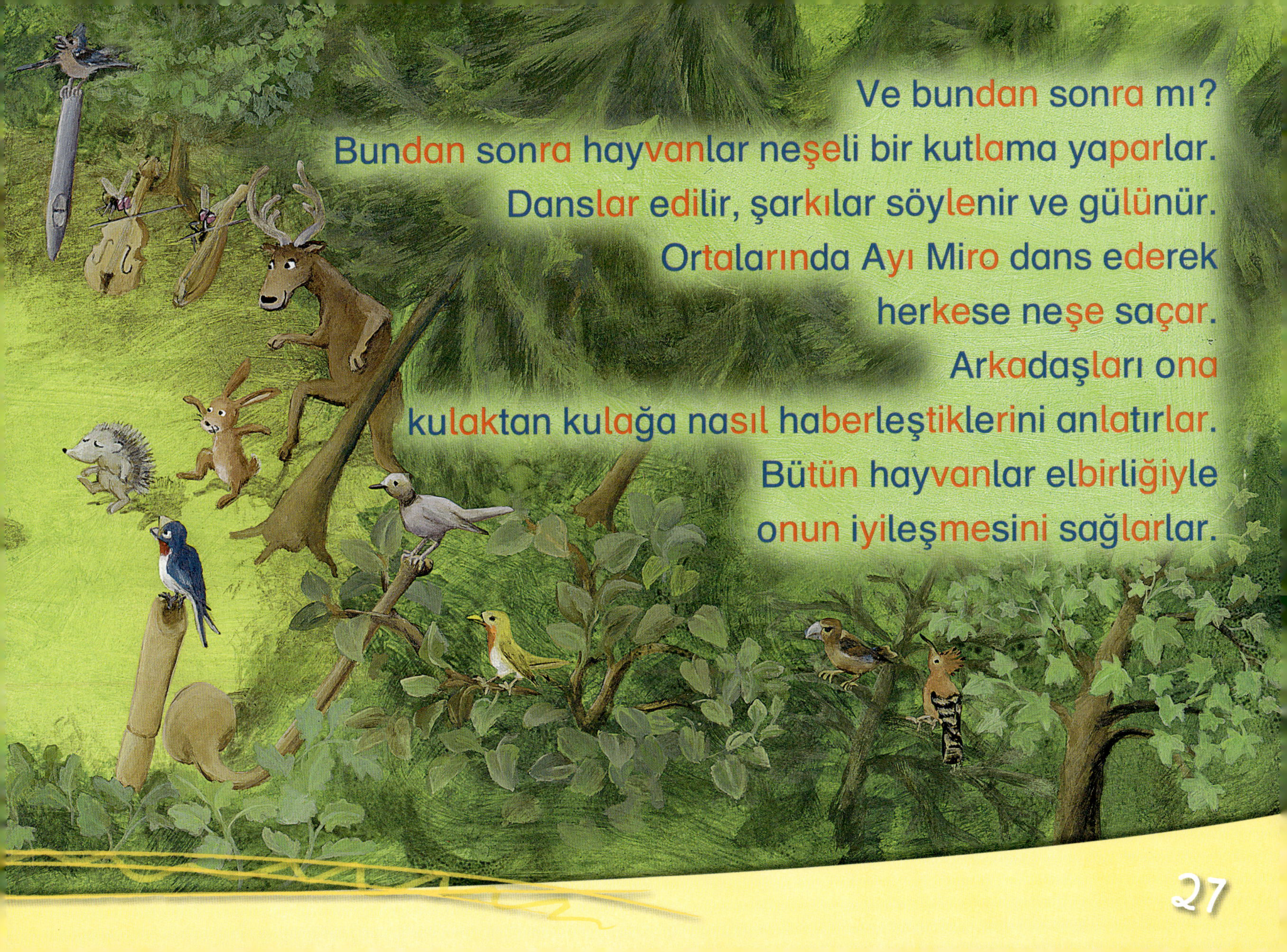

Ve bundan sonra mı?
Bundan sonra hayvanlar neşeli bir kutlama yaparlar.
Danslar edilir, şarkılar söylenir ve gülünür.
Ortalarında Ayı Miro dans ederek
herkese neşe saçar.
Arkadaşları ona
kulaktan kulağa nasıl haberleştiklerini anlatırlar.
Bütün hayvanlar elbirliğiyle
onun iyileşmesini sağlarlar.

## *Didaktischer Kommentar*

Bilderbücher haben magische Kräfte. Nimmt man eines in die Hand, das man aus der eigenen Kindheit kennt, fühlt man sich plötzlich um Jahre zurückversetzt und kann sich daran erinnern, wie schön es ist, in eine Geschichte einzutauchen.

Diese Erfahrung können die Kinder vieler Migrantenfamilien nicht machen, weil Bücher in den entsprechenden Erstsprachen nicht zur Verfügung stehen und darüber hinaus oft die Annahme besteht, die Pflege der Familiensprache behindere den Erwerb der Zweitsprache Deutsch. Dass die Familiensprache ganz im Gegenteil eine wichtige Rolle nicht nur in emotionaler, sondern ebenfalls in sprachlicher Hinsicht spielt, ist nicht immer bekannt. Bei der Arbeit mit der ***Flüsterpost um die Welt*** soll deshalb dem Vorlesen der Geschichte zu Beginn der Unterrichtseinheit genügend Raum gegeben werden. Unterstützung dabei können ältere Geschwister oder die Eltern der Kinder geben. Neben der Freude am Vorlesen und beim Zuhören soll damit auf die Wichtigkeit literaler Erfahrungen in der Familiensprache hingewiesen werden.

Auch in den nachfolgenden Aufgabenvorschlägen wird dies berücksichtigt, z.B. bei Aufgabe 9 (S. 31). Türkischkenntnisse sind nicht notwendig, um das Buch im Unterricht einsetzen zu können. Stattdessen freuen sich die Kinder, als Experten für ihre jeweiligen Sprachen wahrgenommen zu werden. Grundkenntnisse in Bezug auf die Unterschiede des Türkischen im Vergleich zum Deutschen sind dagegen hilfreich, um sprachkontrastiv mit den Kindern arbeiten und Reflexionsprozesse in Gang bringen zu können.

Das Türkische gehört zu den agglutinierenden Sprachen, bei denen Bedeutungseinheiten durch ein Affix zum Ausdruck gebracht werden.

**Beispiel:** *ev (Haus)*
*evler (Häuser)*
*evim (mein Haus)*
*evlerim (meine Häuser)*

Bei der Pluralbildung in Aufgabe 5 (S. 31) geschieht dies, je nachdem, welcher Vokal vorangeht, durch das Anhängen von *-lar* oder *-ler.*

Für Türkisch sprechende Kinder, welche in Deutschland aufwachsen, kann aufgrund dieser strukturellen Beschaffenheit des Türkischen der optische Silbentrenner zudem eine gute Hilfestellung beim Leseerwerbsprozess sein.
Die im Folgenden beschriebenen Aufgaben zum Text (S. 30/31) richten sich zwar direkt an die Kinder, sind aber nicht so gedacht, dass die Kinder sie selbst lesen und direkt bearbeiten. Es sind Anregungen für den Unterricht mit der Flüsterpost.
Der Spaß an und mit Sprache steht bei den Aufgaben 1–3 (S. 30) im Mittelpunkt, bei denen sich die Kinder in Form verschiedener Spiele mit dem Türkischen vertraut machen.
Die Beschäftigung mit den Namen in der Geschichte sowie mit den eigenen Namen möchte Aufgabe 4 ermöglichen. Als Sprachforscher können die Kinder hier vieles entdecken, z. B. *Welchen Ursprung haben verschiedene Namen? Oder: Welche Namen klingen in verschiedenen Sprachen ganz ähnlich?* Zudem können das Recherchieren sowie die Arbeit im Team geübt werden.
Die Aufgaben 5 und 7 (S. 31) sollen die Kinder dazu ermuntern, auf sprachliche Entdeckungsreise zu gehen. So geht es darum, herauszufinden, dass im Türkischen das Affix -lar den Plural markiert. Anschließen könnte sich z.B. die Aufgabe, herauszufinden, wie der Plural von Möwe, Elefant oder Krokodil (s. Wörterliste S. 32) ist. Ausgehend vom Beispiel „müzik“ könnten zudem Fremdwörter bzw. die Herkunft von Wörtern thematisiert werden: *Wie heißt „müzik“ in anderen Sprachen? Warum klingen manche Wörter in verschiedenen Sprachen ähnlich? Kennt ihr weitere Beispiele? Woran kann man erkennen, zu welcher Sprache ein Wort gehört? ...*
An dieser Stelle bieten sich für die Kinder viele Möglichkeiten für weitere Entdeckungen.
Eine Möglichkeit zur Einbeziehung aller anderen im Klassenzimmer vorhandenen Sprachen bieten die Aufgaben 6, 8 und 9 (S. 31).

Eine Übersicht über die Besonderheiten bei der Aussprache im Türkischen finden Sie unter:
**www.mildenberger-verlag.de/lesebruecke-aussprache**

## Aufgaben zum Text

### 1

Spielt Flüsterpost. Lasst euch dafür zunächst die türkischen Wörter aus der Wörterliste auf S. 32 laut von den Kindern vorlesen, die Türkisch sprechen. Jetzt könnt ihr euch ein Wort aussuchen und es auf die Reise schicken. Habt ihr es erkannt?

### 2

Sucht aus der Wörterliste auf S. 32 die türkischen Wörter für *Maus, Schwalbe, Hase, Steinbock, Delfin, Möwe, Elefant und Krokodil.* Sucht Bilder von den Tieren, klebt sie auf ein Plakat und schreibt immer die deutsche und die türkische Bezeichnung dazu.

### 3

Bastelt ein deutsch-türkisches Tier-Memospiel. Schneidet dafür Quadrate in der Größe 5 x 5 cm aus und schreibt dann die deutschen und türkischen Wörter für die Tiere darauf. Wenn ihr Lust habt, könnt ihr noch weitere Tiere dazunehmen. Mithilfe des Wörterbuchs oder des Internets (z.B. www.deutsch-tuerkisch.net) könnt ihr sie übersetzen.

### 4

Einige Tiere in der Geschichte heißen Frida, Tülin, Emine, Dayo oder Salim. Namen haben auch eine Bedeutung. So bedeutet z.B. *Salim* „der Fröhliche“, *Emine* „die Vertrauenswürdige“ und *Frida* „die Friedliche“. Welche Bedeutung hat dein Name? Recherchiere im Internet. Erstelle anschließend mit deinen Klassenkameraden ein Übersichtsplakat.

## 5

Auf S. 25 findet ihr die Wörter hayvanlar, arılar, kuşlar. Sprecht sie laut und deutlich. Was fällt euch auf? Könnt ihr herausfinden, was die Wörter bedeuten? Die Wörtertabelle auf S. 32 hilft euch.

## 6

Die Tiere in der Geschichte reisen um die Welt und lernen dabei neue Freunde kennen. Gibt es in eurer Klasse Kinder, die aus einem anderen Land kommen? Hängt eure Fotos an die entsprechende Stelle auf der Weltkarte oder füllt die Tabelle aus.

| Namen | Ich komme aus... | Meine Sprachen sind... | „Guten Tag“ heißt in meiner Sprache... |
|---|---|---|---|
| Marie | | | |
| Umut | | | |
| Till | | | |
| Leyna | | | |
| | | | |

## 7

Manchmal klingen Wörter anderer Sprachen vertraut. Findet ihr auf S. 27 ein solches Wort? Hört gut zu! Wie heißt dieses Wort in euren Sprachen? Macht eine Tabelle.

## 8

Wie viele Sprachen sprecht ihr in eurer Klasse? Vielleicht könnt ihr es schaffen, euch jeden Tag in einer anderen Sprache zu begrüßen. Bietet euch gegenseitig Sprachkurse an.

## 9

Habt ihr zu Hause auch Bücher in anderen Sprachen? Bringt sie mit und lest euren Klassenkameraden daraus vor. Vielleicht könnt ihr auch einen Vorlesenachmittag organisieren, an dem ihr gemeinsam mit euren Eltern, Geschwistern oder Großeltern schmökern könnt.

## Wörterliste

| | | |
|---|---|---|
| Frühling | – | ilkbahar |
| Wald | – | orman |
| Sonne | – | güneş |
| Freund | – | arkadaş |
| Bär | – | ayı |
| Maus | – | fare |
| Schwalbe | – | kırlangıç |
| Höhle | – | mağara |
| Schildkröte | – | kaplumbağa |
| Welt | – | dünya |
| Hase | – | tavşan |
| Berg | – | dağ |
| Steinbock | – | oğlak |
| Meer | – | deniz |
| Delfin | – | yunus |
| Möwe | – | martı |
| Elefant | – | fıl |
| Krokodil | – | timsah |
| Idee | – | fikir |
| Tier | – | hayvan |
| Biene | – | arı |
| Honig | – | bal |
| Vogel | – | kuş |
| Musik | – | müzik |